dem Zauber lauschen

meine schönsten Gedichte

Barbara Schmitt

© 2021, Barbara Schmitt
Herstellung und Verlag:
BoD – Books on Demand, Norderstedt
ISBN: 9783755752066

meine schönsten Gedichte

Barbara Schmitt

Vorwort

Tauchen Sie ein in den Zauber des Lebens, ob fröhlich oder melancholisch!

Nur still können wir ihm lauschen! Herzliche Einladung dazu!

Dipl.-Psych. Barbara Schmitt

Vogellieder

Vogellieder trösten

meine verletzte Seele.

Schwere verliert sich

in zartem Gefieder.

Rosenbusch im August

Noch einmal neue Blüten,

ein letztes Mal in diesem Jahr,

viele kräftig rosa leuchtend

dicht gefüllte Blütendolden!

Im Anschaun dieses Bildes

öffnen sich die Herzen - lächeln,

ruft Natur dem Menschen zu:

„Seid umschlungen Millionen!"

dunkelrote Rosen, weiße Lilien

Als üppiger Strauß steigt ihr

aus Tiefen unserer Seelen,

benetzt unsere Träume mit Tränen,

umarmt unser Sein in stiller Not,

versprecht uns Fülle in seliger Liebe,

hier schon und im Tod!

Veilchen

Tiefes Dunkellila

klein und duftend rein,

betörst du uns mit deinem Sein,

das Kleinod zu begehren,

wo sonst nur Großes

möchte zählen!

Barbara-Zweig

Kirschblüten zu ungewohnter Zeit

holen wir ins Haus,

die Hoffnung zu bewahren,

dass nicht alles aus,

wie draußen es nun scheint,

unbändig der Lebenswille,

dem Wunder zuzusehen,

dem wir nur nachgeholfen,

zu erinnern, dass es wirklich

war geschehn!

Der Winzer

Jeder Rebstock ist mir heilig,

jeder ist so einzigartig!

Mit feinem Blick entdeck Ich dich,

mit Liebe seh Ich, was du brauchst,

mit Geschick berühr' Ich dich,

befrei Verdeckt-Versteckes

zum Blühen, Reifen, Leuchten!

BArmHerzigkeit

Nicht Unterwerfung

als armer Sünder!

Du nimmst uns in den Arm,

an Dein Herz

egal, was war und ist – das ist es!

Herbstwind

Ein Blatt liegt auf der Nase

auf meinem Balkon,

tausendmal gesehn!

Mein Gott ist es schön!

Der Wind bläst die Blätter

himmelwärts,

bevor sie taumeln, müssen gehn,

im Schoß des Schöpfers

Heimat sehn!

Abschied

Willst, musst du gehen?

Es war doch noch so schön,

da plötzlich trägst du

Züge des davon!

Wohin entziehst du dich

dem Sehnen,

darfst uns nicht mitnehmen?

Mit allem, was uns lieb gewesen,

mit allem, was wir uns erkämpft!

Was hältst du, wirst bewahren

in deinem Himmel,

in unserer Erde?

Perle

Aus dem Schmerz geboren,

gereift zum Schutz in dunkler Zeit!

Welch ansehnlich schimmernd Kleid,

erwächst aus Not die Kostbarkeit!

Wandelt meine Träne leicht,

schmückt sie hell im Herzbereich,

glänzt in stiller Herrlichkeit!

Lichtgestalt

Als trüg das Herz

die Seele in der Hand,

erwächst auf Rosen

eine Lichtgestalt,

Dornen rühren sie nicht an,

Mauern stoßen sich nicht dran.

Weißes Licht erklingt im Da!

Maranatha!

Jesusgebet

Tauch die Not in Seinen Namen,

halt den Tod an seinen Atem,

spür das Leben tief in Seinem Sein

lass dich endlich darauf ein,

auf betörend seliges Erbarmen,

auf Jesus, den Gesalbten, Amen!

Seelennot

Kinderseelen in die Hölle geschickt,

erholen sich nur schwer,

bleiben so lang und lang

Wanderer im Tod und arm.

Tragen das Kreuz in sich,

Baum des Lebens,

wo irgendwann,

Vögel singen werden dann,

Paradies wiederkommen kann.

Das Leuchten des Kreuzes

Zart rotgold leuchtet hoch

ein Kreuz über Angst und Schmerz

alter Wunden, so alter -

wollen nicht heilen!

Schaut mich an, hell und warm,

beruhigt mein Herz hin zu Dir!

Abendrot

Leichter rosa zarter Wolkenflaum

rührt das Herz von innen an

zeigt den Zauber der Natur

wirbt um unsere Liebe nur!

Rosenblüten

Rosenblüten sterben leise,

still umarmen sie den Tod

wandeln ihre Weise,

weinen nicht,

eins im Lebenskreise,

wissen, wo der Himmel ist!

Dürer - Hase

Kurze Pause zwischen Kartenspiel,

befreiender Blick nach draußen.

Ein Hase hockt im Gras ganz still,

wie gemalt von Künstlerhand.

Die Osterglocken neben ihm

läuten licht.

Der Frühling ist da!

Hände küssen

Ich möchte deine Hände küssen,

die den Samen

auf die Erde warfen,

den Pflanzen wachsen halfen.

die Ernte in Händen tragen.

Ich möchte deine Hände küssen,

die unsere Schöpfung haben

bewahrt!

Kölner Dom

Von draußen komm ich

in eine andre Welt

der Ruhe und der Achtsamkeit,

der Glaubenswirklichkeit -

Wie schön, hinten links in einer Ecke

eine Krippe der Verkündigung

in vorweihnachtlicher Zeit!

Der Engel ruft mich, hinzuhören,

dem Geheimnis zu vertrauen

in meiner Lebenswirklichkeit!

Tauperle

Eine Tauperle rollt

ein Blatt entlang,

tränkt die müden Blüten dann.

Sonnenblätter

Sonne liegt in gelbbunten Blättern

auf dem Weg im Wald.

Sie bewahren noch ein wenig

der Sonne Lebenskraft,

schenken einen letzten Trost

in der dunklen Jahreszeit,

besser als die hellen Lampen,

die man jetzt erfunden

zu vertreiben Traurigkeit.

Der Kelch des Heilens

Wann trinken wir endlich

mit jedem Schluck

unserer Todeserfahrungen,

verkapselter Traumata

Deine Auferstehungszusage?

Mit jedem Schluck

so vielen Unheils, tiefer Schuld

quälender Schmerzen

Deine Erlösungsliebe?

Autorenportrait

Barbara Schmitt, geb.1947 in München

Diplom-Psychologin, Psychologische Psychotherapeutin

mehrjährige Erfahrung in kontemplativer Meditation

das Gedicht „Perle" ist im Jahrbuch 2021 der Frankfurter Bibliothek zeitgenössischer Lyrik aufgenommen worden

das Gedicht „Seelennot" ist im Jahrbuch 2021 der Bibliothek des Deutschsprachigen Gedichts aufgenommen worden

Persönliche Notizen: